HISTOIRE

DU

PEUPLE AMÉRICAIN

PAR AUGUSTE CARLIER

COMPTE RENDU PAR M. ÉLISÉE RECLUS.

EXTRAIT DU BULLETIN DE LA SOCIÉTÉ DE GÉOGRAPHIE.
(FÉVRIER 1865).

PARIS

IMPRIMERIE DE E. MARTINET
RUE MIGNON, 2
1865

HISTOIRE

DU

PEUPLE AMÉRICAIN

PAR AUGUSTE CARLIER (1)

Compte rendu par M. ÉLISÉE RECLUS.

Ces deux gros volumes ne sont qu'un fragment
d'une histoire générale du peuple des États-Unis. Dans
cette étude d'ethnologie, M. Carlier n'a pas dépassé la
révolution de 1776, et ne s'est occupé que des treize
colonies fédérées qui ont constitué à l'origine la république américaine. Plus tard, sans doute, l'auteur pu-
bliera le résultat de ses recherches sur la population
du reste des États-Unis.

Tout n'est pas à louer, croyons-nous, dans l'ouvrage
qui nous occupe. Nous en regrettons surtout la forme
presque agressive. En lisant plusieurs chapitres, on
dirait que l'auteur s'est donné pour tâche principale de
combattre les opinions de MM. de Toqueville et Labou-
laye. Les noms de ces deux écrivains éminents, dont
l'un n'est plus et dont l'autre professe encore au col-
lége de France, reviennent souvent sous la plume de

---

(1) *Histoire du peuple américain — États-Unis — et de ses rapports avec les Indiens depuis la fondation des colonies anglaises jusqu'à
la révolution de 1776*, par Auguste Carlier. Paris, Michel Lévy, 1863.

M. Carlier, comme ceux d'hommes qui se seraient grossièrement trompés sur les choses américaines.

Tous ces reproches fussent-ils parfaitement justes, ce qui ne nous paraît point démontré, il serait certainement plus conforme à la dignité de l'historien de ne pas revenir trop souvent à la charge, comme pour donner plus de valeur à ses propres opinions par le renversement des opinions d'autrui. Mais nous n'avons point à nous occuper des pages consacrées à la polémique ou même à la controverse religieuse : qu'il nous suffise de résumer les parties de l'ouvrage qui traitent de l'origine des colons du littoral atlantique et de leurs rapports avec les Indiens.

I.

La première colonie fondée par les Anglais fut celle de la Virginie. En 1607, c'est-à-dire 45 ans après le débarquement des Français sur les plages du Port-Royal, et 42 ans après la fondation de Saint-Augustin par les Espagnols, une centaine d'Anglais conduits par le capitaine John Smith s'établirent sur le rivage d'une île située dans l'estuaire de la rivière James, et fondèrent la ville de Jamestown, dont il ne reste plus aujourd'hui qu'un débris d'église, couvert de plantes grimpantes. Les premiers colons étaient des ouvriers sans travail et des aventuriers bourgeois sans profession. Ceux qui, les années suivantes, vinrent renforcer la population virginienne appartenaient aux mêmes classes de la société. La famine, les maladies, la guerre firent périr un très-grand nombre d'émigrants, si bien

qu'en 1619, douze ans après la fondation de Jamestown, on ne comptait pas plus de 600 personnes dans
la colonie. Mais à partir de cette époque la population
s'accrut rapidement. Les concessionnaires firent expé-
dier des ports anglais des cargaisons de jeunes filles,
garanties honnêtes, qui furent vendues en adjudication
publique, au prix de 1200 à 1500 livres de tabac. En
deux années, la colonie reçut 3500 nouveaux colons,
hommes et femmes. Tous sans exception étaient d'origine anglo-saxonne, irlandaise ou écossaise.

Les propriétaires du sol, devenus pour la plupart
planteurs de tabac, ne se contentaient point de cultiver eux-mêmes le sol, puis de le faire travailler par
des noirs importés ; ils employaient aussi les bras des
blancs qui consentaient à aliéner leur liberté pour un
certain nombre d'années. Ces engagés (*indented servants*) étaient des esclaves temporaires qu'on achetait
comme des bêtes de somme. Des agents s'occupaient
de recruter ce bétail humain dans tous les ports d'Angleterre, et le livraient à tant par tête : parfois ils
complétaient le chargement du navire en volant des
hommes et des femmes dans les rues ; enfin, le gouvernement anglais lui-même alimentait cette traite
des blancs en expédiant à la Chesapeake les prison-
sonniers capturés pendant les guerres civiles. Des
traitants munis de pleins pouvoirs faisaient la chasse
à l'homme. On a calculé que l'importation des engagés
par *indenture* pouvait s'élever en moyenne à 1500 par
année.

Ce n'est pas tout : l'Angleterre déportait aussi des
malfaiteurs dans les colonies américaines et les ven-

dait au plus offrant. On le voit, la population de la
Virginie se composait des éléments les plus divers.
Plus de quarante ans après la fondation de la colonie,
lors de la grande révolution d'Angleterre, un nombre
considérable de *cavaliers*, nobles ou bourgeois, émi-
grèrent en Virginie, et plusieurs d'entre eux se firent
une place parmi les propriétaires auxquels l'esclavage
des noirs et la servitude temporaire des engagés avaient
permis de faire cultiver de grandes étendues de ter-
rain ; mais en 1660, lors de la restauration des Stuarts,
une partie des émigrés reprit le chemin de l'Angleterre. Il est certain que la grande masse de la population blanche de la Virginie est d'origine plébéienne :
elle descend surtout des premiers colons et de la
foule des domestiques engagés. Ce qui par-dessus tout,
dit M. Carlier, contribua à faire de la Virginie une
colonie aristocratique, c'est l'emploi des noirs à l'agriculture (1). C'est là ce qui facilita la création de grands
domaines territoriaux. Il y a quatre ans à peine, plus
du tiers de la population virginienne se composait
d'esclaves possédés par environ 30 000 planteurs. En
outre, plus d'un demi-million de noirs avaient été expédiés des plantations de la Virginie dans les divers États
du Sud et de l'Ouest.

Le premier établissement de la Nouvelle-Angleterre
date de 1620. En cette année mémorable, cent deux
émigrants, puritains pour la plupart, débarquèrent
sur le rocher de New-Plymouth, « après avoir déclaré
solennellement en face de Dieu, et en face les uns des

(1) Tome Ier, page 136.

autres, qu'ils s'associaient d'un commun accord en corporation civile et politique, pour maintenir entre eux le bon ordre, et pour arriver aux fins qu'ils avaient en vue ». Sectaires farouches, les puritains de New-Plymouth et du Massachusetts tentèrent de constituer une démocratie théocratique, imitée en partie de celle du peuple juif à l'époque des juges. Les membres fervents de l'Église avaient seuls les droits de citoyenneté ; les lois s'appliquaient à tous les actes de la vie, publics et privés ; la répression pénale était terrible. L'intolérance devint si grande, que les dissidents furent obligés de s'enfuir, et c'est même à de pareils exils volontaires que les colonies de Rhode-Island et du New-Hampshire durent d'être fondées. Mais avec tous les graves défauts provenant de leur fanatisme, les puritains de la Nouvelle-Angleterre avaient une indomptable énergie, une persévérance à toute épreuve, un remarquable amour de l'instruction. Il y a plus de 220 ans déjà que la colonie du Massachusetts a pris des mesures pour assurer l'éducation gratuite et obligatoire à tous les enfants des communes, et depuis cette époque, cette fraction du peuple américain est restée à la tête de toutes les autres par ses bibliothèques, ses établissements d'instruction publique, ses savants, ses écrivains, aussi bien que par sa richesse et son industrie manufacturière.

La population de la Nouvelle-Angleterre est très-homogène. Elle se compose presque uniquement d'Anglo-Saxons, mêlés dans une faible proportion aux descendants de presbytériens écossais et irlandais, et d'un très-petit nombre d'engagés (*indented servants*) recrutés au hasard comme ceux de la Virginie. Quelques huguenots français se sont également établis dans la Nouvelle-Angleterre, après la révocation de l'édit de Nantes ; mais leur nombre, comparé à la masse des colons, mérite à peine d'être pris en considération. Par la puissance génératrice et la multiplication rapide des familles, les Anglo-Saxons de la Nouvelle-Angleterre peuvent être comparés à leurs voisins d'origine française, les Acadiens et les Canadiens. On a calculé que le tiers de la population blanche des États-Unis, soit environ 10 millions d'hommes, descend des 21 000 habitants ou 4000 familles qui se trouvaient dans les colonies puritaines vers le milieu du xviie siècle (1). Deux cents ans ont suffi pour que chaque famille soit devenue une tribu de 2500 personnes. Déjà le Massachusetts offre une population plus dense que celle de la France, et de ce petit État, grand comme deux ou trois départements français, sortent chaque année des essaims d'émigrants qui vont cultiver le sol des vastes contrées de l'Ouest, le Wisconsin, le Minnesota, le Kansas, le Nebraska. Quant à la population nègre, descendant en grande partie des esclaves noirs, déclarés libres en 1772 au Massachusetts, et seulement après la guerre de l'indépendance dans les États voisins, ils ne diminuent point en nombre, ainsi qu'on l'a souvent répété sans preuves. De 1850 à 1860, le chiffre des personnes de couleur s'est accru dans la Nouvelle-Angleterre de 22 021 à 23 711. C'est une augmentation de 1690, soit d'environ 7 pour 100.

(1) Cf. Bancroft, t. I, p. 468.

La population de l'État de New-York est beaucoup
plus mêlée que celle de la Nouvelle-Angleterre et de
la Virginie. En 1615, déjà, les Hollandais avaient bâti
sur le fleuve Hudson le fort d'Orange, à l'endroit
même où se trouve la ville d'Albany, capitale de l'État;
puis la Nouvelle-Amsterdam, aujourd'hui New-York,
avait été fondée sur l'île de Manhattan, et quelques
émigrants, Wallons d'origine, s'étaient établis dans
Long-Island. Sous le régime hollandais, la population
s'accrut d'abord avec lenteur : car, vingt ans après la
prise de possession, le nombre des habitants s'élevait
à peine à 2000. Enfin, vers le milieu du xviie siècle, les
facilités commerciales qu'offrait le port de la Nouvelle-
Amsterdam et la tolérance religieuse proclamée par les
Hollandais attirèrent des colons de divers pays d'Europe, juifs, huguenots français, protestants allemands,
suisses, italiens même. Des Anglais et des puritains de
la Nouvelle-Angleterre vinrent aussi s'établir dans les
possessions hollandaises, dont l'importance grandissait
rapidement. Aussi le duc d'York, frère de Charles II,
se hâta-t-il, immédiatement après la restauration des
Stuarts, d'exhumer un vieux titre en vertu duquel il
pourrait se faire adjuger la concession des colonies du
Hudson. En 1664, les Anglais s'emparèrent de la Nou
velle-Amsterdam et des autres établissements du littoral, mais jusqu'au commencement du xviiie siècle, les
colons hollandais, et même les Français, restèrent su-
périeurs en nombre aux colons anglais. A partir de
cette époque, les émigrants de la Grande-Bretagne
firent prédominer l'élément anglo-saxon ; toutefois, par
suite de l'attraction qu'exerce le commerce, l'État de

(8)

New-York est celui qui a toujours offert dans sa population le chiffre le plus élevé d'habitants d'origine non anglaise. En 1860, l'État de New-York, sur un chiffre total de 3 880 735 personnes, ne comptait pas moins de 986 040 individus nés à l'étranger, Irlandais, Allemands, Canadiens, Français, gens de tous pays et de toutes races : c'est plus du quart de la population totale. Depuis 1860, ce nombre s'est encore accru. Quant aux personnes de couleur, elles étaient, en 1731, relativement aux autres habitants, dans la proportion de 1 à 7; bien que leur nombre s'accroisse, elles sont actuellement dans la proportion de 1 à 79.

Les deux colonies de New-Jersey, fondées, l'une par les quakers, l'autre par les puritains, avaient, à l'époque de leur réunion, c'est-à-dire à la fin du xviie siècle une population d'environ 20 000 habitants, presque tous Anglo-Saxons d'origine ; mais le voisinage de la grande cité qui garde l'embouchure du Hudson a fait de New-Jersey, au point de vue ethnologique, un véritable district de l'État de New-York. Même avant la guerre de l'indépendance, on y trouvait des représentants de tous les pays d'Europe.

La population de la Pensylvanie était plus homogène, car elle ne se composait guère dans l'origine que de deux éléments : des quakers anglais et des émigrants du nord de l'Allemagne, presque tous protestants. En 1772, les Allemands ne formaient pas moins du tiers de la population totale, évaluée à 30 0000 âmes. Quelques descendants des Suédois qui s'étaient établis sur le bord de la Delaware, des paysans irlandais et écossais, enfin des condamnés (*convicts*) expédiés par la mère patrie, entraient aussi pour une certaine part dans le nombre des habitants de la Pensylvanie. Mais il faut dire, à l'honneur du gouvernement local, qu'il s'opposa plusieurs fois, dès la fin du xvii* siècle, à l'importation des criminels et à la traite des noirs. Les intérêts anglais engagés dans ce genre de trafic étaient trop puissants pour que la métropole voulût faire droit à ces réclamations ; toutefois, la répugnance qu'éprouvaient la plupart des quakers et des cultivateurs allemands à se servir de nègres pour l'exploitation du sol, empêcha l'esclavage d'y prendre jamais un développement considérable, comme dans la colonie limitrophe du Maryland. En 1860, les personnes de couleur ne constituaient pas même la cinquantième partie de la population pensylvanienne.

Les habitants du Maryland sont en général de la même origine que ceux de la Virginie, excepté dans les hautes vallées du Cumberland et du Potomac, où s'établirent un certain nombre de familles allemandes originaires de la Pensylvanie. La traite des noirs et des blancs s'y fit sur une très-grande échelle jusqu'à la guerre de l'indépendance. Le nombre des blancs importés de force, *convicts* ou *indented servants*, était en moyenne de 3 à 400, et même de 600 par année. Quant aux nègres esclaves, ils constituaient, en 1748, plus du tiers de la population, soit 36 000 sur 94 000 âmes. En 1860, la proportion des noirs libres ou esclaves était encore le quart du nombre total des habitants.

La Caroline du Nord est probablement l'État dont la population blanche, d'origine britannique et irlandaise, s'est maintenue la plus distincte de tout élément étranger ; seulement de petits groupes d'Allemands et de Suisses se sont établis à New-Bern et sur d'autres points des rives de la Neuse. Depuis la guerre de l'indépendance, l'immigration vers cette partie de la république américaine a presque complétement cessé. L'accroissement de la population de la Caroline du Nord, qui a toujours été plus considérable que celui des Caroliniens du Sud et des Virginiens, a pour cause presque unique l'excédant des naissances sur les morts. De tous les États américains, sans exception, la Caroline du Nord est celui qui a le moins d'habitants nés à l'étranger. En 1860, on n'en comptait que 6 à 7 par 1000. Quant à la masse de la population native, un tiers se composait d'esclaves.

Les Caroliniens du Sud ont parmi leurs ancêtres des émigrants d'une origine très-variée. C'étaient des puritains anglais, des presbytériens d'Écosse, des Irlandais, des Hollandais de la Nouvelle-Amsterdam, des Allemands, des *convicts*, des *engagés* de tous les pays. Des milliers de protestants français chassés de la Saintonge, du Languedoc, du Poitou, de la Touraine, vinrent aussi chercher une nouvelle patrie dans ce pays, où, dès 1562, leur coreligionnaire Ribaut avait tenté de fonder une colonie. La plupart des Français s'établirent à Charleston et plus au nord sur les rives du fleuve Santee. Leurs descendants entrent pour une forte part dans la population actuelle de l'État ; mais on ne peut en évaluer le nombre, car une foule de noms de famille ont pris une forme anglaise ou même ont été simplement traduits : « *Lenoir* s'est métamorphosé en *Black*, *Leblanc* en *White*, *Levert* en *Green*, *Leroy* en *King*, etc. (1) » Quant aux domestiques engagés, ils étaient moins nombreux dans la Caroline du Sud que dans les colonies voisines ; mais, en revanche, les noirs esclaves y dépassaient de beaucoup la population blanche. En 1765, on comptait dans le pays près de 90 000 nègres asservis et seulement 40 000 blancs. En 1860, la Caroline du Sud partageait avec le Mississippi le triste honneur d'avoir sur son territoire plus d'esclaves que d'hommes libres. Il faut remarquer aussi que la Caroline du Sud est, de tous les États de l'Amérique, celui dont la population s'accroît le moins rapidement : à Charleston, la ville principale de l'État, le nombre des habitants a même diminué pendant la décade qui s'est écoulée de 1850 à 1860. C'est là un exemple de décadence locale presque unique durant cette période de merveilleuse prospérité.

La plus méridionale des treize colonies, la Georgie, que fonda en 1732 le généreux Oglethorpe, se recruta pendant les premières années d'émigrants anglais, écossais, allemands et suisses. Désirant éloigner de la nouvelle colonie toutes les causes de démoralisation qui se trouvaient dans les Carolines, Oglethorpe et ses amis, qui avaient pris pour devise de leur société *Non sibi, sed aliis*, proscrivirent l'usage du rhum et la traite des nègres. Mais les planteurs caroliniens ne voulurent point tolérer le voisinage d'un pays libre ; les Georgiens eux-mêmes voyaient avec envie les autres

_____
(1) *Histoire du peuple américain*, t. II, p. 325.

planteurs qui se dispensaient de travailler de leur per-
sonne et faisaient cultiver le sol par des mains esclaves.
En dépit de l'opposition des directeurs de la société
restés en Angleterre, les colons finirent par faire mo-
difier les lois de leur nouvel État, l'usage du rhum fut
autorisé, et l'on proclama en même temps la liberté
du commerce avec les Indes occidentales, c'est-à-dire
la traite des noirs. L'esclavage ne fut point formelle-
ment autorisé; pour avoir l'air de rester fidèles à leurs
principes, les directeurs ne déclarèrent licite que le
système des engagements temporaires ; seulement, on
imagina de faire pour les noirs, non pas des contrats
à court terme comme pour les serviteurs blancs, mais
bien des engagements de cent années. Les missionnaires donnèrent leur approbation à cette fiction con-
stitutionnelle, dans l'espérance d'avoir à convertir un
plus grand nombre d'âmes au christianisme (1). En
1860, c'est-à-dire à peine un siècle après l'introduction
de la servitude en Géorgie, on comptait dans cet État
plus de 46 0000 esclaves sur un nombre total de
1 057 286 habitants.

II

En traitant des origines de la population actuelle des
treize États américains du littoral atlantique, il est
malheureusement presque superflu de parler des Peaux-
Rouges, les anciens possesseurs du sol : car au lieu
d'entrer comme élément constitutif dans la société

(1) *Histoire du peuple américain.* 2 vol., p. 379.

anglo-américaine, ils ont été éliminés pour la plupart, repoussés comme indignes de s'unir aux conquérants étrangers.

A l'égard des indigènes, c'est dans toutes les colonies à peu près la même histoire de fraudes, de violences et de cruautés systématiques. En Virginie, aussi bien que dans les Carolines, à New-York et dans la Nouvelle-Angleterre, les blancs ne se firent aucun scrupule de tromper les Indiens dans toutes les transactions, de les corrompre en favorisant leur penchant à la boisson, de les exciter les uns contre les autres, de leur déclarer des guerres injustes et de les massacrer de sang-froid après la bataille ; bien plus, dans plusieurs colonies, des lois formelles autorisèrent l'esclavage perpétuel des Peaux-Rouges prisonniers de guerre. Toutefois les aborigènes du continent forcés de travailler dans les plantations des émigrants anglais furent toujours peu nombreux, relativement aux esclaves caraïbes qu'on expédiait des Antilles sur le grand marché colonial de Charleston.

Quelques groupes de colons européens restèrent, il est vrai, pendant de longues années en rapports d'amitié avec les Indiens et n'eurent point d'injustice à se reprocher à leur égard ; mais ils ne constituèrent jamais qu'une faible minorité, et même ils ne réussirent pas toujours à protéger les indigènes qui se trouvaient dans leur voisinage. En 1681, lorsque Penn écrivait aux peuplades pour leur demander l'autorisation de s'établir dans leur pays et pour solliciter leur amitié, il ne prévoyait point que dans sa colonie modèle, dans ce territoire qu'il espérait voir habité uniquement par des frères, les blancs devaient faire un jour un horrible massacre de la tribu des Conestogoes. Nombre de missionnaires dévoués suivaient les indigènes dans les forêts, partageaient leur vie de privations, et s'efforçaient de les convertir au christianisme par leurs prédications et leur exemple ; mais au souvenir de toutes les atrocités commises par les blancs contre ses ancêtres, à la vue de toutes les injustices dont il avait encore à souffrir, est-il étonnant que l'Indien répondît par ces paroles bien connues : « Prouvez-moi que votre religion vous rend meilleurs que nous, et alors j'en essayerai. »

M. Carlier raconte dans son ouvrage la douloureuse histoire des Pequods, des Wampanoags, des Narrangasetts, des Yamassees, des Tuscaroras, des Indiens de la Caroline du Sud et d'autres tribus, qui furent presque entièrement exterminés. Et là ne se termine point le martyrologe des indigènes. Que de massacres, que d'actes déloyaux les blancs eurent à se reprocher dans les territoires de l'Ouest, dans ces contrées du Kentucky que les Indiens appelaient « le sol sombre et sanglant (*the dark and bloody ground*) ». Des peuplades entières disparurent ou, trop faibles pour garder une existence indépendante, durent se fondre avec d'autres. Diverses tribus qui ne consentirent point à vendre leurs terres furent déportées de force au delà du Mississippi. Les Creeks de la Georgie, occupant les districts où s'élèvent aujourd'hui les villes d'Atlanta, d'Athènes, de Dahlonega, invoquèrent vainement la foi des traités : ils furent protégés quatre ans par le président Adams ; mais aussitôt après la nomination du général Andrew Jackson à la présidence des États-Unis, il leur fallut abandonner le sol qui leur avait été solennellement garanti. Puis vint le tour des Seminoles de la Floride, qui furent expulsés après une terrible guerre et laissèrent leurs forêts aux planteurs blancs et aux nègres esclaves. Enfin de nos jours, les Indiens pacifiques de la Californie et de l'Orégon ont été en plus d'une occasion traités comme des bêtes fauves par les chercheurs d'or. Quant aux Apaches, aux Comanches, aux Navajos, aux Pawnees, hordes nomades qui depuis des siècles vivent uniquement de pillage, leur nombre ne cesse de diminuer comme celui des indigènes du versant du Pacifique ; mais la guerre qu'ils font aux pionniers du Nouveau-Mexique, du Colorado, de l'Arizona, est une guerre sans merci, et les blancs ne font que se défendre. Dans cette lutte à mort, les Peaux-Rouges seront certainement vaincus, non sans avoir encore fait des milliers de victimes.

La guerre civile qui ensanglante actuellement l'Amérique, fait couler le sang indien aussi bien que celui des noirs et des blancs. A l'est du Mississippi, les Chippewas et les Ottawas du Michigan et du Wisconsin se sont enrôlés dans l'armée fédérale, tandis que les Yamasses et Catawbas de la Caroline du Nord sont entrés dans les régiments confédérés. A l'ouest du grand fleuve, les planteurs creeks et cherokees ont déclaré la guerre à la fraction des Creeks qui n'ont point de nègres, ainsi qu'aux tribus libres du Kansas, les Wyandotts, les Potawatomies, et leur ont livré, non loin du fleuve Arkansas, une sanglante bataille qui dura deux jours et coûta la vie à 2000 guerriers. Enfin dans

les deux étés de 1862 et de 1864, les guerres de plusieurs tribus indiennes du Dakotah et du Nebraska
ont fait de rapides incursions dans le Minnesota occi-
dental, et chaque fois ils ont réussi à brûler des vil-
lages, à massacrer des centaines de cultivateurs de
tout âge et de tout sexe ; mais chaque fois aussi ils ont
été repoussés avec de grandes pertes et poursuivis
jusque dans les solitudes de l'Ouest. Pendant la der-
nière incursion, ils arrêtèrent plusieurs fois les dili-
gences de la grande route du Pacifique, mais ils se
gardèrent bien de toucher au télégraphe, « le grand
Manitou qui parle à distance ».

Ainsi le nombre des Peaux-Rouges décroît encore en
Amérique, tandis que celui des Visages-Pâles ne
cesse d'augmenter d'une manière prodigieuse. Les
balles et bien plus encore l'eau-de-vie et la petite vérole déciment cruellement la population indienne des
États-Unis ; toutefois il ne faut pas s'imaginer que
cette décroissance soit comparable à celle de la plupart
des populations insulaires de la mer du Sud, ou même
qu'il s'agisse d'une extermination graduelle de la race
comme dans les Antilles. Il est probable qu'en dépit
des guerres incessantes, des migrations forcées et des
ravages causés par la boisson et les maladies conta-
gieuses, le nombre actuel des Peaux-Rouges n'est
point inférieur de moitié à la population indigène qui,
lors de l'arrivée des Européens, parcourait le territoire
actuel des États-Unis et des colonies anglaises du Saint-
Laurent. Ce qui a pu faire croire à une diminution
beaucoup plus considérable des Indiens de l'Amérique
du Nord, c'est l'illusion d'optique provenant de l'ac-

croissement merveilleux des étrangers venus d'Europe.
A la fin du XVII° siècle, ceux-ci étaient 1 contre 10 ;
de nos jours, ils sont 100 contre 1. En outre, il faut
tenir compte du déplacement des populations indiennes.
On a cru qu'elles avaient été complétement exter-
minées, parce qu'elles avaient disparu du littoral de
l'Atlantique, où jadis se trouvaient les tribus les plus
nombreuses, attirées à la fois par la chasse et la
pêche.

D'après Bancroft et Hildreth, que M. Carlier cite
dans son ouvrage, la partie de l'Amérique septentrio-
nale comprise entre les grands lacs, le Saint-Laurent,
l'Atlantique, le golfe du Mexique et les montagnes
Rocheuses, n'aurait pas été peuplée de plus de
300 000 habitants. C'est bien peu pour un territoire
aussi vaste ; mais les faits historiques justifient cette
évaluation. Les Peaux-Rouges ne connaissaient qu'une
agriculture rudimentaire; pour ces tribus à demi nomades, les forêts immenses, les savanes, les plaines
marécageuses, n'étaient autre chose qu'un territoire
de guerre et de chasse ; de grands espaces complétement inhabités séparaient les domaines aux limites
changeantes que parcouraient les peuplades ennemies.
D'ailleurs les premiers colons américains ont pu connaître approximativement la population totale de chaque tribu par le nombre de guerriers qu'elle envoyait
sur le champ de bataille. Jamais, au plus beau temps de
leur gloire, ni les Iroquois, ni les Cherokees, ni les
Creeks, ni les Choctaws, ni les Chippewas n'ont eu
plus de 3, 4 ou 5000 guerriers : chacune des grandes
tribus comptait donc en moyenne de 12 à 20 000 âmes.

C'est par de semblables évaluations qu'on a pu fixer le nombre probable des Peaux-Rouges, il y a deux cents ans. Les nations indiennes les plus puissantes n'étaient pas plus considérables que les grands clans d'Écosse. Toutes les peuplades réunies de la Nouvelle-Angleterre comprenaient environ 20 000 personnes (1).

En ajoutant à la population indienne du littoral Atlantique et du bassin mississippien les Peaux-Rouges, relativement plus nombreux, qui jusqu'à ces derniers temps ont paisiblement habité certaines vallées des montagnes Rocheuses et les plaines du versant californien, on arrive à cette conclusion que le nombre des indigènes disséminés dans le territoire actuel des États-Unis et dans les régions du Saint-Laurent atteignait au plus un demi-million, lors de l'arrivée des Européens sur le continent du nord de l'Amérique. De nos jours, le recensement des indigènes des États-Unis, du Nouveau-Brunswick, de l'Acadie et du bas Canada, donne encore un total d'au moins 325 000 individus, dont 315 000 dans la république américaine.

La population autochthone aurait ainsi diminué de près des deux cinquièmes par suite de la conquête. Les guerres incessantes que les Indiens ont eu à subir, les migrations forcées, le rétrécissement de leur territoire de chasse et la disparition graduelle du gibier, expliquent suffisamment cette décroissance du nombre des Peaux-Rouges. D'ailleurs diverses tribus, parmi les plus connues, s'accroissent d'une manière notable. Ainsi, lors de leur expulsion de la Géorgie et de l'Ala-

(1) Cf. Hildreth, t. I, p. 66.

bama, les Creeks étaient seulement au nombre de
20 000 ; ils sont actuellement au moins 25 000.
En 1825, les Cherokees de la Géorgie, de l'Alabama,
du Tennessee et de la Caroline du Nord étaient réduits
à 9000 individus ; dans le territoire indien, à l'ouest
de l'Arkansas, ils se sont accrus en nombre de près de
moitié, et lors du recensement de 1860 on comptait
17 530 Cherokees (1). Les Chickasaws du Mississippi
étaient 3625 seulement en 1835 ; en 1853, ils avaient
augmenté dans leur nouvelle patrie de plus d'un mil-
lier ; en 1860, ils étaient 4787. On dit aussi que la
nation jadis puissante des Mandanes, après avoir été
presque détruite par la petite vérole, s'est accrue de
nouveau. Les Indiens du Nouveau-Brunswick ont augmenté de 8 pour 1000 dans la période décennale qui
s'est écoulée entre 1851 et 1861 ; les six nations indiennes de New-York, restes des anciens Iroquois
expulsés du Canada par les Français et des Tuscaroras
chassés de la Caroline du Nord, gagnent encore plus
rapidement en importance numérique ; de 1853
à 1860, leur nombre s'est élevé de 3745 à 4092 individus : ce taux d'accroissement, de 15 par 1000 tous
les ans, est environ huit fois supérieur à celui du
peuple français. On le voit : les savants qui veulent
expliquer la diminution des Peaux-Rouges, ne peuvent
guère invoquer une prétendue loi en vertu de laquelle
la simple présence de l'homme civilisé suffirait pour
faire périr les races dites inférieures : trop souvent

(1) Cette augmentation si considérable s'explique peut-être en
partie par l'adjonction à la grande tribu de quelques restes de peuplades.

cette affirmation, qui nous semble dépourvue de preuves, a servi d'excuse à des crimes et dispensé les coupables d'un juste remords.

Une des récentes livraisons de notre *Bulletin* a donné, d'après le rapport officiel soumis en novembre 1863 à l'*Indian Bureau* de Washington, une évaluation du chiffre des indigènes groupés par tribus. Ces Indiens, qui sont au nombre de 263 079, habitent tous à l'est du Mississippi, à l'exception des indigènes qui se trouvent encore dans les États du Wisconsin, du Michigan, de l'Indiana, de New-York. La somme que le gouvernement fédéral consacre chaque année au payement des pensions indiennes, ainsi qu'à l'entretien d'écoles et de fermes modèles pour les Peaux-Rouges, s'élève en moyenne à 11 500 000 francs. Lorsque la république achète aux Indiens un territoire de chasse pour le transformer au profit des colons en un territoire agricole, elle assure aux vendeurs une rente annuelle de marchandises et de provisions, et l'entretien d'une forge ; en outre, elle s'engage à céder une ferme à chaque famille qui consent à cultiver le sol, et donne, à diverses échéances, une quarantaine de têtes de bétail à tout Indien qui désire se faire éleveur. Le gouvernement anglais protége également les 10 000 aborigènes qui habitent encore l'espace compris entre le fleuve Saint-Laurent et la frontière des États-Unis.

Aux Indiens organisés en tribus et qui, pour la plupart, vivent encore à l'état demi-sauvage, il faut ajouter les Peaux-Rouges qui sont comptés avec les blancs dans les recensements officiels et qui jouissent, en

divers États, des mêmes droits civils et politiques que
les Visages-Pâles. Ils se fondent rapidement avec le
reste de la population, et dans plusieurs comtés les
agents du recensement décennal ont cessé de les énu-
mérer d'une manière distincte. En 1860, ceux dont on
n'a pas négligé d'indiquer l'origine indienne, étaient
au nombre de 37 329. Près des deux cinquièmes, soit
14 763, habitaient la Californie ; 10 507 étaient établis
dans le Nouveau-Mexique ; 2369 vivaient dans le Minnesota ; enfin, le Michigan, la Caroline du Nord et le
Wisconsin offraient respectivement 2515, 1158 et
1017 individus de race indienne parmi leurs habitants
imposables, et par conséquent égaux devant la loi.
Presque tous les États du Nord ont ainsi dans leur
population quelques dizaines ou quelques centaines de
descendants libres des anciens possesseurs du sol.
Même le district de Columbia compte parmi ses conci-
toyens un Indien de cette catégorie.

Pour donner une évaluation complète des Américains
d'origine indienne, il serait nécessaire de connaître
également tous les blancs qui, à des degrés divers, des-
cendent des Peaux-Rouges. Par les croisements, par
l'infiltration du sang des indigènes dans les familles, il
est probablement des centaines de milliers d'Américains
qui comptent des indigènes parmi leurs ancêtres ; plusieurs même s'en font un titre de gloire, à l'exemple du
célèbre John Randolph, arrière petit-fils de la belle
Pocahontas. Les *bois-brûlé*, ou métis proprement dits,
sont aussi beaucoup plus nombreux dans les États du
Nord-Ouest qu'on ne le croit généralement ; mais cette
partie de la population tend de plus en plus à se con-

fondre avec les blancs. Il paraît même complétement impossible d'en donner une statistique approximative. Tout ce que l'on sait, c'est qu'une très-forte proportion des hardis pionniers qui marchent à la conquête des solitudes de l'Ouest, appartiennent à cette classe mélangée. Un grand nombre d'entre eux ne le cèdent point aux Américains blancs par leur force morale et leur persévérance, et plusieurs sont même arrivés à se faire, pour leur gloire ou pour leur déshonneur, un nom dans l'histoire contemporaine. Parmi ces derniers nous citerons l'orateur Kelso, du Missouri, et Ben Mac-Culloch, ou *Bosse-de-Bison*, le terrible général de l'Arkansas, qui portait toujours à sa selle une bible reliée en peau de yankee.

ÉLISÉE RECLUS.

Paris. — Imprimerie de E. MARTINET, rue Mignon, 2.

9 782019 220761